Dados Internacionais de Catalogação na Publicação (CIP)
(Câmara Brasileira do Livro, SP, Brasil)

Pazian, Humberto
 O Aborto Segundo o Espiritismo
/ Humberto Pazian. – Catanduva,
SP : Boa Nova Editora, 2008.

ISBN 978-85-99772-22-5

 1. Evangelho 2. Espiritismo
II. Título.

06-1059   CDD-133.93

Índices para catálogo sistemático:
1. Espiritismo 133.93

Impresso no Brasil/*Presita en Brazilo*

Humberto Pazian

O Aborto Segundo o Espiritismo

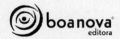

Instituto Beneficente Boa Nova
Entidade coligada à Sociedade Espírita Boa Nova
Av. Porto Ferreira, 1.031
Catanduva/SP | CEP 15809-020
www.boanova.net | boanova@boanova.net
Fone: (17) 3531-4444

6ª edição
Do 10.400ª ao 10.500ª milheiro
100 exemplares
Outubro/2024

© 2008-2024 by Boa Nova Editora.

Capa
Direção de arte
Francisco do Espírito Santo Neto
Designer
Cristina Fanhani Meira

Revisão
Maria de Lourdes Pio Gasparin

Editoração eletrônica
Cristina Fanhani Meira

Coordenação Editorial
Ronaldo A. Sperdutti

Impressão
Renovagraf

Todos os direitos estão reservados. Nenhuma parte desta obra pode ser reproduzida ou transmitida por qualquer forma e/ou quaisquer meios (eletrônico ou mecânico, incluindo fotocópia e gravação) ou arquivada em qualquer sistema ou banco de dados sem permissão escrita da Editora.

O produto da venda desta obra é destinado à manutenção das atividades assistenciais da Fraternidade Francisco de Assis, de São Paulo, SP e da Sociedade Espírita Boa Nova, de Catanduva, SP.

Sumário

Prefácio 9
Moisés 15
Jesus 19
O Espiritismo 23
Allan Kardec 27
A Reencarnação 33
O Mundo Espiritual 37
A Vida Espiritual 41
O Planejamento da Encarnação 45
Os Pais 49
A Concepção 55
O Reencarnante 59
Quando o Espírito Não Quer Reencarnar 63
Quando a Mãe Corre Perigo de Vida 67
Quando os Pais Querem o Aborto 71
Os Métodos Anticoncepcionais 77
Quando o Aborto Ocorre: O Reencarnante ... 81
Quando o Aborto Ocorre: Os Pais 85
O Aborto Eugênico 87
O Sentimento de Culpa 91

PREFÁCIO

"E dir-vos-ão: Ei-lo aqui, ou, ei-lo ali":
não vades, nem os sigais."
Jesus (Lucas, 17: 23)

Aqui no Brasil, nas últimas décadas, o Espiritismo difundiu-se consideravelmente e, atualmente, encontra-se ainda em grande expansão doutrinária. A necessidade de informação e conhecimento de muitos faz com que expositores, divulgadores e pessoas bem intencionadas expressem suas opiniões por jornais, programas de rádio, TV, palestras e por diversas revistas e livros que circulam em grande quantidade. Essas pessoas tentam orientar-nos sobre diversos assuntos relacionados ao bem viver, interpretando o Evangelho do mestre Jesus e elucidando o valoroso trabalho que Allan Kardec* nos proporcionou. Mensagens do plano espiritual, transmitidas por laboriosos médiuns, misturam-se com as dos irmãos encarnados dando-nos uma gama imensa de informações. É importante que reflitamos com ponderação sobre todas essas informações e que tomemos as decisões cabíveis, utilizando sempre o sábio e prudente conselho do mestre Jesus: que saibamos separar "o joio do trigo"*.

Muitos estudiosos do Espiritismo e do espiritualismo versam suas opiniões a respeito de diversos assuntos no intuito de serem úteis aos demais, porém, infelizmente, nem sempre são informações esclarecedoras, ou melhor, confortadoras, pois trazem em si o personalismo das conclusões precipitadas, baseadas somente na razão, sem a ajuda prudente da inspiração lastreada no coração.

Muitos temas importantes têm sido abordados com freqüência na atualidade, e o aborto, a nosso ver, merece muito da nossa atenção, não só pelas implicações sociais que dele decorrem como, principalmente, pelas seqüelas emocionais e espirituais que dele resultam. Entre as diversas escolas religiosas e filosóficas o tema tem sido estudado e discutido e, em quase todas, inclusive na espírita, o ato é reprovado e todo um trabalho é feito para que seus seguidores, membros e simpatizantes não o cometam. Isso é perfeitamente compreensível, pois todas são a favor da vida, mas o que gostaríamos de alertar é que existem as **pessoas que já praticaram o aborto**. Muitas delas procuram auxílio, orientação e consolo e o que encontram, muitas vezes, são condenações baseadas em julgamentos padronizados, pré-concebidos e insensíveis. Em alguns momentos esquecemos a nossa condição humana e, julgando-nos Deus, com nossas frases duras sentenciamos almas arrependidas e desejosas de absolvição e reparação.

Muito cuidado, portanto, devemos ter ao emitir nossos julgamentos, observando que, por mais boa vontade que tenhamos, jamais conseguiremos absorver todos os detalhes que envolvem as decisões e sentimentos das pessoas analisadas. E, uma vez que cada caso em si é um caso único, individual e especial, seria no mínimo imprevidente de nossa parte julgarmos e sentenciarmos alguém com relação ao ato de abortar. Assim, se você, por qualquer motivo, praticou ou induziu alguém ao aborto, saiba que há sempre um caminho da "salvação" e que a misericórdia divina vai além do conhecimento parco e restrito de alguns eruditos da religião; **mas se você está pensando**, num processo de aborto, nós lhe suplicamos: não o faça, pois após o conhecimento e a orientação já adquirida, esse ato lhe traria muitos dissabores e reações contrárias à felicidade que almeja.

Esperamos que no transcorrer desta obra, que se baseia nos postulados de Allan Kardec e sua codificação, encontre subsídios para melhor refletir e tomar as corretas decisões sobre esse tema. Sugerimos também a você a leitura do livro O Evangelho Segundo o Espiritismo, para que possa absorver os preciosos ensinamentos do mestre Jesus.

..*

Entendendo que muitos que lêem essa obra podem não ter conhecimento do Espiritismo, julgamos necessária uma breve e simples introdução para elucidar o assunto.

MOISÉS

"Eu sou o Senhor teu Deus, que te tirei da terra do Egito, da casa da servidão."
Êxodo 20:2

Aprendemos no Espiritismo que todos os espíritos foram criados semelhantes, ou seja, nenhum teve qualquer privilégio. Também nos informaram que não fomos criados todos no mesmo momento, e sim, que a criação é constante e a diferença de sabedoria e conhecimento que existe entre nós se deve ao tempo que existimos e ao aproveitamento que obtivemos nas encarnações.

Dessa forma, entendemos que a humanidade sempre teve seu curso dirigido pelos espíritos superiores (mais velhos e sábios), e estes, por Jesus (o espírito evoluído ou mais próximo a Deus que conhecemos). Desde a formação do nosso planeta, foi dada a Jesus a missão de estar conosco e de nos dirigir rumo à perfeição e à felicidade. Podemos compreender, então, o que significava quando Ele dizia que éramos seu rebanho e Ele nosso Pastor e que jamais nos abandonaria até que estivéssemos junto ao Pai.

Com o desenvolvimento da mediunidade, que existe de uma forma rudimentar desde os primeiros tempos, as mensagens e os ensinamentos divinos puderam ser disseminados em nosso planeta. Pela inspiração de "espíritos mais elevados que a maioria", revelações chegaram por muitos homens e mulheres em várias épocas e locais diferentes.

Cada agrupamento humano tinha seus magos ou sacerdotes que transmitiam seus conhecimentos acerca da natureza e de Deus. Esses ensinamentos ou mensagens eram copiados e transformados em livros sagrados para cada agrupamento ou aldeia. Todos esses relatos, ou pelo menos uma boa parte deles, estão agrupados no que chamamos de Antigo Testamento. Nele, sem dúvida, estão contidos muitos séculos da história religiosa da humanidade.

Muito do conhecimento advindo por esses canais mediúnicos era conservado secreto por alguns povos e grupos religiosos, e somente a poucos iniciados, mediante severos julgamentos e testes, eram revelados. O grande médium Moisés foi um deles. Recebeu nessas "Escolas de Sabedoria", existentes no Egito e regiões próximas, todo o conhecimento que havia até então sobre os mistérios da vida e da natureza. Médium de grande sensibilidade e de uma forte personalidade, ele libertou seu povo (as tribos de Israel) do cativeiro no Egito, no qual se encontrava por séculos. Na sua peregrinação pelo deserto, em busca de uma região onde pudessem se instalar em liberdade, trouxe ao mundo, mediunicamente, os Dez Mandamentos divinos e um código de leis civis que ele julgou necessárias para dirigir o povo judeu.

* * *

Reunidos na época, Moisés e seus colaboradores mais próximos, espíritos preparados para essa missão histórica de instalar na Terra a crença de um Deus único, foram os vasos que receberam as sementes da verdade de uma grande revelação do Alto.

JESUS

"E saiu da nuvem uma voz que dizia":
"Este é o meu amado filho, a Ele ouvi."
Lucas 9:35

Após a desencarnação de Moisés, outros profetas ou médiuns continuaram a trazer mensagens e orientações para os homens da Terra. Não só o povo judeu, mas também os iniciados nas Escolas de Sabedoria acreditavam na vinda de um Messias, de um Salvador, do próprio Cristo em carne e osso, e aguardavam-no em nosso meio para libertar-nos da longa escravidão na Terra, devido aos nossos erros e desacertos.

O homem foi criado por Deus para ser livre e feliz, mas essa felicidade deveria ser alcançada pelo aprendizado existente nas diversas encarnações. Com o excessivo apego ao ego e às coisas mundanas, a humanidade se escravizava cada vez mais e chegara, então, o momento da interseção das altas esferas para a necessária libertação.

Essa libertação não era bem compreendida por todos os judeus, pois na época em que era esperada a vinda do Cristo, o povo estava novamente escravizado, desta vez sob o jugo do grande Império Romano, e muitos acreditavam em um novo Moisés, um grande líder que, com sua magia e poder, venceria o inimigo e novamente salvaria seu povo. Mas, como tudo na vida segue um curso e planejamento inteligentes, um grande número de homens e mulheres, previamente selecionados, adiantados espiritualmente, encarnaram e se prepararam para auxiliar o Mestre na sua grande tarefa redentora.

Que época gloriosa e radiante essa em que as altas e as baixas esferas de luz se uniram em torno da mensagem de amor e paz! Como um Sol a iluminar nossos caminhos, o Mestre pautou sua jornada aqui na Terra com firmeza e beleza inigualáveis. Trouxe sua mensagem de luz de uma forma pela qual, de acordo com a sua evolução, os homens iriam ampliando seu entendimento. E assim tem sido; à medida em que se abrem os horizontes espirituais da humanidade, mais luz se absorve dos seus ensinamentos.

A vida de Jesus foi amplamente estudada e divulgada em muitos povos e em todas as épocas. E o relato de sua vida e de seus ensinamentos, escritos e reproduzidos pelos seus discípulos, chamado de Novo Testamento ou Evangelho, é a chave para compreendermos Aquele que é o Caminho (para Deus), a Verdade (sobre Deus) e a Vida (com Deus).

Jesus nada escreveu de seu próprio punho. Tudo o que temos a seu respeito, como já dissemos, são anotações de alguns de seus discípulos. Na literatura espírita, há outros livros psicografados trazendo mais fatos acerca de sua vida, mas seria necessária uma quantidade infinita de livros para relatar a existência tão magnífica do nosso querido Mestre.

O ESPIRITISMO

"E nos últimos dias acontecerá, diz o Senhor, que do meu espírito derramarei sobre toda carne; os vossos filhos e as vossas filhas profetizarão, vossos mancebos terão visões e os vossos velhos sonharão sonhos."
Atos 2:17

Jesus muitas coisas ensinou aos homens daquela época, mas em várias ocasiões disse também que mais deveria ser mostrado, e quando chegasse o momento em que os homens estivessem preparados, ele retornaria através do "Espírito da Verdade" e uma nova luz seria colocada em seus ensinamentos.

Após o triste episódio da crucificação e a radiosa aparição do mestre aos seus diletos discípulos, contrariando a expectativa das sombras, a mensagem cristã criou força e, pela bravura e nobreza dos espíritos envolvidos, ganhou suas bases e propagou-se por longínquas terras.

Com o aumento no número de adeptos e simpatizantes, o cristianismo trouxe sobre si a inveja e a ira dos poderosos da religião, que viam seus crentes deixarem os cofres dos Templos mais vazios e suas oferendas mais escassas, e iniciaram um movimento de perseguição que durou séculos.

Muitos valorosos espíritos tombaram em verdadeiros circos de horror, montados especialmente para eliminar de forma bárbara e sangrenta os humildes e pacíficos cristãos. Mas, essa atitude apenas fortaleceu o movimento, pois a cada discípulo que tombava entoando hinos de louvor ao Criador, muito outros se afiliavam à nova doutrina consoladora.

Depois de muito combaterem a nova religião, resolveu o Império Romano, seu principal oponente, absorvê-la e, dessa forma, controlar o que não pôde destruir. A religião cristã foi então organizada pelo Estado e uma hierarquia foi constituída, bem como novas regras que deturparam o conteúdo e os ensinamentos originais.

Muitas outras mudanças ocorreram em diversos períodos de nossa história, sempre objetivando os interesses da classe sacerdotal e política. Emissários divinos continuaram a reencarnar lembrando e incitando a prática do Evangelho do Cristo na sua essência e origem. Alguns foram presos; outros torturados e executados. Esse período de trevas que durou muitos séculos foi necessário para que a humanidade amadurecesse espiritualmente e se preparasse para receber novos e esclarecedores ensinamentos em sua jornada espiritual.

ALLAN KARDEC

*"De sorte que somos embaixadores
da parte do Cristo."*
Paulo (II Coríntios 5:20)

Desde o início dos tempos, o mundo espiritual e o material se entrelaçaram em busca de harmonia. Espíritos sempre se comunicaram com os encarnados e estes sempre desenvolveram a mediunidade como meio de comunicação.

Foi em meados do século XVII que essas comunicações tomaram um rumo e uma intensidade muito grande. Uma brincadeira de salão, na qual pessoas se reuniam ao redor de uma mesa e, através de sons de batidas, os espíritos respondiam às perguntas formuladas, despertou em todo o mundo uma curiosidade intensa a respeito do oculto. Embora muitos tenham encarado isso levianamente, tais fatos foram peças importantes de auxílio na divulgação do fenômeno.

Nesse século, nascia um espírito missionário que tinha a incumbência de coordenar a implantação de uma nova fase de ampliação do entendimento da verdade ensinada pelo mestre Jesus.

Hippolyte Léon Denizart Rivail nasceu em Lion, França, no dia 3 de outubro de 1804, e desencarnou em 31 de março de 1869, em Paris. Desde cedo se interessou pela pesquisa e por todas as causas que envolvessem o bem coletivo. A sua paixão pelos métodos de ensino, de acordo com a escola de Pestalozzi, de quem foi discípulo, fez dele uma autoridade bem conceituada sobre assuntos educacionais da Europa na sua época.

Em meados do século, já estando com sua

estrutura intelectual bem sedimentada, tomou conhecimento dos fenômenos que aconteciam nas diversas reuniões da sociedade, não só na França, mas em todo o mundo. Resolveu, então, investigar e saber mais a respeito.

Com um raciocínio altamente científico, Kardec observou que os objetos, no caso as mesas, não poderiam mover-se por si mesmas, muito menos terem algum tipo de inteligência. Algo muito importante ali se manifestava e, a partir desse ponto, resolveu pesquisar e encontrar as respostas.

Quando descobriu a seriedade de tal empreendimento, avisado que fora então pelos próprios espíritos comunicantes, decidiu utilizar o pseudônimo de Allan Kardec, para que não se confundisse seu trabalho humano com esse, muito mais importante: o de ser o codificador dos espíritos comandados pelo "Espírito da Verdade", trazendo uma nova luz sobre os ensinamentos de Jesus.

Utilizando o seu conhecimento de pedagogo e cientista, Kardec criou um método de trabalho sistemático. Através de diversas reuniões mediúnicas, sempre utilizando médiuns respeitados e equilibrados, e usando a colaboração sincera e honesta que lhe chegava, reuniu e codificou, em alguns livros, todo o seu trabalho.

São eles: O Livro dos Espíritos, a parte filosófica (1857); O Livro dos Médiuns, a parte experimental e científica (1861); O Evangelho Segundo o Espiritismo, a explicação das máximas morais do Cristo (1864); O Céu e o Inferno, o exame comparado das doutrinas acerca da passagem da vida corporal à vida espiritual; e A Gênese, a criação do mundo e as predições (1868).

Todo aquele que desejar conhecer profundamente o Espiritismo, encontrará, nesses volumes, conhecimentos indispensáveis.

A REENCARNAÇÃO

"Não te maravilhes de te haver dito; necessário vos é nascer de novo."
Jesus (João 3:7)

Um dos tópicos mais expressivos que o Espiritismo trouxe à luz foi a explicação da Lei das Vidas Sucessivas ou Reencarnação.

Até então, algumas perguntas ficavam sem respostas que nos convencessem ou consolassem. Como entender tantas diferenças sociais? Por que uns têm tanto e outros, nada? Por que uns nascem belos e com um corpo físico invejável e outros trazem, desde o berço, deformidades físicas incuráveis? Por que a inteligência se mostra tão soberba em diversos membros de uma mesma família e outros nascem com alto grau de idiotia? Destino, alguns diziam; vontade de Deus, diziam outros. Mas como conceber um Deus tão justo e bom, fazendo diferenças entre seus próprios filhos, apenas por capricho?

Através da explicação dos espíritos, passamos a entender o que Cristo queria dizer com "Ninguém verá o Reino de Deus se não nascer de novo."

No Espiritismo, aprendemos que através de vidas sucessivas vamos avançando espiritualmente para níveis superiores de entendimento. Aquilo que deixarmos de aprender ou aquilo que de contrário às leis divinas fizermos, teremos outras oportunidades que o criador nos concederá em outras existências e em muitas ocasiões, nesta mesma, para fazer ou aprender.

Essa crença, a da reencarnação, não foi descoberta pelos espíritas, pois já fazia parte dos postulados religiosos de muitos povos do Oriente. O que atribuímos a Kardec foi a disseminação dessas verdades aos religiosos e às pessoas interessadas em estudar e pesquisar as leis da vida em todo o mundo, sem necessidade de se afiliar a qualquer grupo doutrinário espírita ou declarar-se simpatizante da doutrina. A mensagem reveladora veio do Alto e, desta vez, veio para ficar.

A partir dessa revelação, a humanidade pôde refletir melhor sobre o significado de suas vidas, os porquês de tantas dificuldades, de tantos problemas, de tantas lutas. Passou a conceber não um Deus arbitrário, mas sim, amoroso e bom, que nos concedeu sempre infinitas oportunidades de recriarmos o nosso futuro. Os seres humanos entenderam que através do livre arbítrio, poderiam construir os alicerces de sua própria existência, na vida atual e em outras encarnações.

Ficou evidente que essa realidade entrou em choque com outras doutrinas que teimam em não rever seus antigos dogmas e conceitos.

Mas deixemos o tempo passar e ele, pelas descobertas que a ciência vem trazendo ao mundo, fará justiça ao trabalho de Kardec. E logo nossos seculares e teimosos companheiros de jornada religiosa não terão outra saída, senão a de aceitar a verdade.

O MUNDO ESPIRITUAL

*"Se vos tenho falado de coisas terrestres,
e não me credes, como crereis se vos
falar das celestiais?"*
Jesus(3:12)

A vida espiritual é infinita, o Universo é infinito. Deus é infinito: sempre existiu e sempre existirá. Essas afirmações confundem as nossas mentes, pois no nosso atual estágio evolutivo fica difícil refletir sobre esses conceitos. Mas devemos lembrar que há apenas poucos séculos, o homem entendia que a Terra era o centro do Universo e tudo girava ao seu redor. Imaginava-se que, em um determinado ponto, o mundo acabava e, a partir daí, apenas um enorme precipício havia. Todo aquele que pensasse diferente era ridicularizado e afastado do meio "intelectual" da época.

Quando alguns homens começaram, resolutos e decididos, a estudar e compreender as órbitas dos planetas, perceberam que o nosso não era apenas o único, e muito menos o ponto central, mas sim apenas um dos bilhões e bilhões de corpos celestes existentes no universo. Essas almas valorosas não relutaram em enfrentar os "doutores das leis", que existem em todas as épocas da nossa história, e ampliaram com suas concepções o horizonte mental da humanidade. Sempre após essas revelações, depois de um período de acomodação, um salto expressivo é dado no avanço evolucionário da humanidade.

Assim também, como exemplo, notamos que nos dias atuais, muito se especula sobre a vida em outros planetas, formas de vida, humanidades semelhantes à nossa. Por não ser tema deste livro, apenas citamos o fato para refletirmos melhor sobre o assunto e lembrarmos que nossas mentes e nossos conhecimentos são ainda muito limitados e temos muito que conhecer e aprender.

Desde que surgiu o Movimento Espírita, e em quase todos os livros que dão continuidade a ele, observamos referências ao "outro mundo", outra dimensão, ou ao "mundo espiritual". Muitos leitores iniciantes, ao lerem essas obras, ficam um pouco perplexos ao verificarem a semelhança desses "mundos" com o "nosso mundo".

Com "outro mundo" queremos dizer uma outra dimensão, aquela que os nossos sentidos físicos não conseguem perceber. Somente pessoas que desenvolvem acentuadamente seus dons mediúnicos têm a possibilidade, através da vidência psíquica, de percebê-lo. Mas, para que a oportunidade do conhecimento seja igual para todos, temos recebido do mundo espiritual mensagens e relatos, através da voz e da escrita de alguns médiuns, para que possamos, cada vez mais, compreender melhor o mistério da existência.

Médiuns esforçados e abnegados têm dedicado suas vidas a essa tarefa, mas é nas obras de Francisco Cândido Xavier, mais especificamente naquelas ditadas pelo espírito de André Luiz, que encontramos detalhes interessantes para nosso estudo. Nessas obras nos é relatada a continuidade da vida após a desencarnação, para onde vamos e como ficamos.

Mostram-nos que todos, mesmo aqueles que preencheram suas vidas com crimes e desacertos, são merecedores de misericórdia, de auxílio e de orientação, sempre no momento certo, ou seja, no momento em que surge a luz divina, presente em todos os seres, mesmo que seja em tênue claridade.

A VIDA ESPIRITUAL

*"Mas quando se convertem ao Senhor,
então o véu se tirará."*
Paulo (II Coríntios 3:16)

Entre uma encarnação e outra, todos os espíritos passam, no plano espiritual, por um período de refazimento, de descanso e de instrução; e depois se preparam para a nova encarnação, sempre com o sagrado objetivo da evolução.

O tempo de permanência nesse estado é diferente para cada um dependendo do grau de adiantamento e da região do astral em que estacionam, ou seja, varia de acordo com o que o espírito traz em si.

Aqueles que já entendem o estágio onde se encontram, além de aprenderem lições importantes para a sua vida futura, participam de tarefas auxiliares, tanto no próprio plano onde se encontram, como também auxiliando seus irmãos que estão encarnados. O grau de adiantamento é o que determina a possibilidade e a extensão da ajuda que podem dar.

Os menos esclarecidos colaboram em pequenas tarefas, aprendendo os primeiros passos da fraternidade. Já os de maior conhecimento auxiliam mais de perto seus irmãos encarnados, procurando, através da intuição dos mesmos, alertá-los e aconselhá-los em muitos aspectos necessários à conduta diária. Outros espíritos, nos quais a sabedoria e o amor já encontram moradas fixas, orientam e administram todos os serviços e tarefas que envolvem importantes regiões do planeta e do universo.

Segundo relatos dos espíritos, existem grupos de entidades superiores, responsáveis por diversos departamentos: os que atendem os espíritos que se encontram em intenso sofrimento moral, nas regiões chamadas umbralinas; há os que atendem as necessidades (de acordo com o mérito) dos encarnados; os que auxiliam nas atividades da natureza; e, entre uma série de outras incumbências, há aqueles que cuidam e preparam os espíritos para suas encarnações no nosso planeta.

O PLANEJAMENTO DA ENCARNAÇÃO

*"Alimpai-vos, pois do fermento velho,
para que sejas uma nova massa."*
Paulo (I Coríntios 5:7)

O plano de permanência no plano espiritual é diferente para cada espírito. São espíritos superiores, encarregados dessa tarefa, que decidem quando e onde iremos encarnar, sempre obedecendo às leis sábias e justas do Criador.

Alguns espíritos permanecem por um longo período na erraticidade (mundo astral), revoltados e atormentados, negando-se a todo custo a uma nova existência, por saberem que terão muitas dificuldades a serem transpostas, devido às suas faltas anteriores. Mas, quando chega o momento certo, são compulsoriamente encaminhados para uma nova existência na matéria, em uma família e região onde possam resgatar os seus débitos e continuar a sua caminhada.

Outros, já com mais esclarecimentos, não só tomam conhecimento das suas futuras tarefas, como também participam, em parte, de algumas decisões com respeito a elas. Já os espíritos mais elevados, aqueles que além da sua tarefa evolucionária vêm também ajudar seus irmãos através de seus exemplos e sua conduta, participam ativamente do projeto reencarnatório, atuando em muitos dos seus detalhes.

Em todas as categorias de espíritos, os mais ou menos evoluídos, as possibilidades são estudadas para um melhor aproveitamento da encarnação. Tudo é criteriosamente escolhido e preparado, desde a estrutura do corpo físico, sua saúde ou suas debilidades, suas possibilidades de expressão, o meio em que vai nascer e crescer, a influência que receberá e até os protetores espirituais que o acompanharão durante sua estadia na matéria; e, o que não poderia deixar de ser: quem serão seus pais.

OS PAIS

"E vós, pais, não provoqueis a ira a vossos filhos, mas criai-os na doutrina e admoestação do Senhor."
Paulo (Efésios 6:4)

A compreensão de que podemos participar do planejamento de nossa encarnação atual deveria ser o suficiente para aceitarmos os acontecimentos da vida como resultados de nossos pensamentos e ações do passado, e como ajustes necessários para nosso soerguimento moral e espiritual.

De maneira alguma isso quer dizer que devamos ser acomodados e subservientes às situações que a vida nos apresenta com o pensamento de que nada possa ser mudado.

A verdade é que temos de observar o melhor que pode ser feito em cada situação de nossa existência e se a decisão que estamos tomando é a mais recomendável segundo os padrões morais e religiosos que respeitamos.

Uma vez entendido que os acontecimentos importantes e principais da encarnação são previamente planejados com a nossa participação, não podemos excluir a paternidade como uma dessas situações, ou seja, sempre que um espírito prepara sua encarnação, os pais terrenos já foram previamente selecionados e cientes ficaram dessa responsabilidade.

Observamos que, no caso do nascimento de um ser no mundo físico, todo um preparo é feito com muito critério e amor pelos servidores do Altíssimo, para que todos os envolvidos possam bem cumprir suas tarefas redentoras.

Muitos espíritos aguardam com bastante expectativa e ansiedade esse momento, e **quando chega o instante aprazado, inicia-**

-se então no mundo espiritual, no ato da concepção, a ligação fluídica do espírito reencarnante com a mãe; e na fecundação do espermatozóide no óvulo materno, a formação de uma nova vida na terra.

A CONCEPÇÃO

"Nós somos de Deus."
João (I João 4:6)

Como já pudemos compreender, nossas vidas seguem uma linha central pré-determinada, ou seja, não existe o acaso, mas sim, reações a ações que tenhamos feito no passado. E aqui vem um ponto interessante que deve ser analisado com muita reflexão por todos aqueles interessados no assunto em questão: uma vez sabido que houve um planejamento antes de reencarnarmos, algumas pessoas não tomam as devidas precauções preventivas nas suas relações sexuais pensando que, se assim fizerem, estarão boicotando o planejamento espiritual; ou ainda, se antes de reencarnarem não foi feito o planejamento de terem filhos, então poderão relacionar-se à vontade, pois nada acontecerá.

Analisando a lei de ação e reação, entendemos que todas as nossas decisões (livre-arbítrio) serão sempre sucedidas das devidas reações, na outra vida ou **nesta mesma**. A programação que citamos diversas vezes é sempre passível de mudanças que podem ocorrer devido as nossas decisões. A programação humano deve sempre ser levado em conta. E se for necessária a reencarnação de algum espírito por nosso intermédio, não há dúvida de que, seja qual for o método anticonceptivo utilizado, ele irá falhar: um preservativo que se rompe, uma tabela mal interpretada, uma pílula não ingerida, enfim, penso que muitos de nós já tiveram conhecimento de algum caso assim.

O que não devemos achar, em hipótese alguma, é que poderá haver uma gravidez sem a devida preparação espiritual. Um espírito não é chamado às pressas para ocupar um corpo que foi concebido aleatoriamente.

Por mais que não lembremos ou não queiramos aceitar nesse momento, a gravidez foi planejada exatamente para acontecer na forma e no momento em que está acontecendo.

O ato, por mais impensado que possa ter sido, foi elaborado, conhecido e aceito por nós e por espíritos encarregados dessa tarefa no plano espiritual antes de encarnarmos ou durante esta encarnação, e o objetivo, por mais que possamos relutar, é e sempre será para o bem e progresso evolutivo de todos os envolvidos.

O REENCARNANTE

"Recebei-nos em vossos corações."
Paulo (II Coríntios 7;12)

No momento da concepção ou do ato sexual, quando o óvulo feminino é fecundado, começa a preparação para o nascimento, na Terra, de mais um ser. A mãe começa então a gerar um corpo, e não um espírito, pois, como já vimos, este já existia e continuará existindo, mesmo depois de sua desencarnação.

Muitos espíritos participam do período de transição e espíritos protetores acompanham o reencarnante durante todo o processo e durante alguns anos de sua vida na matéria, sendo sucedidos por outros e em alguns casos permanecendo até o fim da encarnação.

As ligações psíquicas entre o espírito reencarnante e a mãe começam a se estreitar, e de acordo com a afinidade entre ambos resultarão os reflexos durante o período de gestação.

Podemos deduzir daí a mudança de comportamento de muitas mães nesse período de suas vidas. A ligação entre ambos fica muito forte: tanto a mãe passa seus pensamentos e sentimentos para o reencarnante como ele para ela. Algumas alterações significativas podem ocorrer após esse período e os terapeutas modernos observam e avaliam essa possibilidade.

Por ser, portanto, um período importante para os envolvidos, recomenda-se, além dos cuidados médicos necessários e prescritos pelos especialistas, que a mãe procure se envolver com pensamentos elevados e, de acordo com sua fé, que ore bastante ao Criador, pedindo fortalecimento para ela e para o espírito que há de vir, de modo que ambos tenham sucesso em suas tarefas.

QUANDO O ESPÍRITO NÃO QUER REENCARNAR

"Não vos inquieteis, pois, pelo dia de amanhã, porque o dia de amanhã cuidará de si mesmo."
Jesus (Mateus 6:34)

Durante o tempo em que o espírito permanece no mundo espiritual, como já dissemos, ele passa por períodos corretivos em regiões apropriadas do astral ou eleva-se através de trabalhos de auxílio e aprendizados constantes.

Após um período de tempo determinado, ele sente o desejo de reconduzir-se a uma nova encarnação para continuar sua caminhada evolutiva. Enquanto muitos aguardam ansiosamente essas novas oportunidades, outros se apavoram e temem novas quedas ou possíveis tormentos que possam ou devam enfrentar.

Os preparativos são feitos e os protetores individuais responsáveis tomam, mesmo à revelia do espírito, em muitas ocasiões, a decisão mais acertada em relação a esses irmãos que se desequilibram frente à oportunidade sagrada da existência.

O espírito reencarnante, então, à medida que se aproxima o momento do nascimento físico, vai perdendo sua consciência e esquecendo-se de seu passado e de sua nova jornada, para que possa, dessa forma, ter uma outra chance. O esquecimento é gradual e necessário para que os inimigos, vítimas ou algozes do passado, possam através da reencarnação recompor suas próprias histórias.

Alguns espíritos, durante esse período preparatório, tendo nesse processo de esquecimento grande rebeldia por ver em seu novo lar antigos rivais e desafetos, revoltam-se e ocasionam, com isso, uma gestação problemática e difícil, além de muita desarmonia no lar, se nesses ambientes, não for realizado o estudo e prática de ensinamentos espirituais elevados.

Em alguns casos, outros espíritos reencarnantes conseguem, infelizmente, pela sua revolta, ocasionar na gestação crises constantes, ocasionando a morte do feto, trazendo com isso, para ele, problemas cármicos futuros, que terá de compensar perante a divina lei.

Mas não generalizemos essa situação entendendo que toda gestação interrompida por qualquer motivo seja ocasionada pela má vontade do espírito reencarnante. Que fique bem entendido que nem todo caso de aborto natural é por esse motivo, pois há também aqueles que têm por objetivo trazer um ensinamento ou resgate para o espírito e para os pais, ou qualquer outro justo motivo que a Bondade e Inteligência divinas assim determinem.

QUANDO A MÃE CORRE PERIGO DE VIDA

"Sabendo que a tribulação produz fortaleza."
Paulo (Romanos 5:3)

Como esse fato é bastante relevante, julgamos importante realçar alguns pontos sobre os quais já discorremos nesta obra para, em seguida, nos reportarmos a "O Livro dos Espíritos", de Allan Kardec, com o qual esperamos esclarecer perfeitamente a questão.

Conforme relato anterior, o processo da reencarnação começa muito antes do nascimento propriamente dito. Todo planejamento é feito com antecedência e apenas no momento da concepção, no ato sexual, é que é feita a ligação fluídica do espírito reencarnante com a mãe.

Durante a gestação, ocorre o processo de esquecimento do espírito e a organização dos últimos preparativos. E é somente no momento do nascimento, quando através da primeira inspiração recebe-se o sopro de vida, o fluido vital, é que podemos dizer que a vida material se inicia, e que o espírito assume parcialmente as funções de seu novo corpo físico.

Deste modo podemos entender melhor a resposta de nº 359 e 360 de "O Livro dos Espíritos":

Pergunta: No caso em que a vida da mãe estivesse em perigo, pelo nascimento da criança, há crime em sacrificar a criança para salvar a mãe?

Resposta: É preferível sacrificar o ser que não existe a sacrificar o que existe.

Pergunta: É racional ter pelos fetos o

mesmo respeito que se tem pelo corpo de uma criança que estivesse vivido?

Resposta: Em tudo isso vede a vontade de Deus e a sua obra, e não trateis, pois, levianamente, as coisas que deveis respeitar. Por que não respeitar as obras da criação, que às vezes são incompletas pela vontade do Criador? Isso pertence aos seus desígnios, que ninguém é chamado a julgar.

QUANDO OS PAIS QUEREM O ABORTO

*"Que cada um de vós saiba possuir o
seu vaso em santificação e honra."*
Paulo (I Tessalonicenses 4:4)

É sempre bom lembrarmos que todos nós estamos encarnados buscando o nosso aprimoramento espiritual e nas maiores dificuldades que enfrentamos, aquelas que nos deixam mais fragilizadas, devemos algo aprender. Com essa reflexão lembrada, pensamos que deverá sempre haver benevolência quando estivermos julgando ou manifestando nossas opiniões a respeito de outras pessoas. O que estamos tentando demonstrar é a conscientização da importância da vida e de que ela é preparada cuidadosamente por um grande número de espíritos, inclusive, muitas vezes, com a nossa participação.

Notamos que o surgimento da vida humana não é apenas a conseqüência de um ato sexual isolado, e sim, de todo um planejamento envolvendo os pais encarnados, espíritos superiores de uma programação de vida a ser realizada pelo espírito reencarnante e por todos os envolvidos.

Em diversas ocasiões, sabemos que muitas são as dificuldades enfrentadas durante uma gravidez; as dificuldades financeiras criam expectativas terríveis nos pais; a saúde debilitada da mãe gera insegurança e apreensão; no caso em que a mãe ainda se encontre em idade juvenil e não tenha um parceiro dentro da norma que chamamos de união estável, isso gerará vergonha perante os pais, os amigos e a sociedade; a falta de amor entre os envolvidos; e tantos outros motivos que possam trazer medo e preocupação. Mas com tudo isso, é necessário e importante que se reflita sobre o que aprendemos ou relembramos até aqui, antes de se tomar a decisão final.

Não se questiona, nesse momento, se a lei humana permitirá ou não esse ato, pois lembramos que há a lei dos homens e a lei de Deus. A primeira é feita de acordo com os interesses e necessidades transitórias do mundo e a segunda, com as necessidades eternas do espírito imortal.

Àqueles que buscam no Espiritismo orientação para decidir com acerto em sua peregrinação terrena, alertamos para que não destruam a oportunidade dos que aguardam a grandiosa chance, concedida pelo Criador, de reiniciarem, junto àqueles a quem o destino os atraiu, uma nova e melhor fase de sua existência..

Devemos usar sempre o bom senso, buscar nos livros básicos da doutrina os elementos necessários para meditarmos e decidirmos. Não podemos esquecer que o Mestre Jesus, através da oração, estará sempre conosco nos momentos mais difíceis de nossas vidas. Roguemos sempre a Ele a orientação necessária.

OS MÉTODOS ANTICONCEPCIONAIS

"E, sobre tudo isso, revesti-vos de amor, que é o vínculo da perfeição."
Paulo (Colossenses 3:15)

Algumas pessoas, de acordo com suas interpretações das escrituras e seus textos sagrados, tomam decisões e atitudes que são consideradas extremas ou ortodoxas por outras.

Não pretendemos aqui criar adeptos de nossas interpretações, mas também gostaríamos de que, se forem refutadas, que se faça após uma profunda reflexão e que os preconceitos sejam desconsiderados nessa tarefa.

Os preservativos, pílulas anticoncepcionais, DIUs (Dispositivo Intra Uterino) e outros métodos utilizados, inibem o acesso do espermatozóide ao óvulo materno e desta forma não permitem a formação de um feto.

Como dissemos anteriormente, somos responsáveis pelos nossos destinos e o intercâmbio entre o mundo espiritual e o material não acontece somente no momento da desencarnação, e sim, todos os dias durante nosso sono físico e em momentos que se faça necessário. Qualquer mudança de planejamento fará com que tragamos para a vida física essas determinações e mudemos os nossos planos. Quando o efeito da matéria fizer com que esqueçamos nossos compromissos e os coloquemos de lado, o "acaso" dará um jeito e provocará algum incidente, fazendo cumprir o que já estava combinado pelas partes envolvidas.

Devemos considerar que se os relacionamentos forem realizados de forma irresponsável e inconseqüente, responderemos por isso perante as leis divinas, sejam quais forem os meios de prevenção. Quanto ao método conhecido como "pílula do dia seguinte", muito questionado atualmente, porque, nos conceitos de algumas pessoas a vida só se inicia no momento da fecundação do óvulo e para outras, no momento do nascimento, deixaremos a opinião a critério de cada um, apenas sugerindo, mais uma vez, para uma reflexão, o conceito espírita: **inicia-se no mundo espiritual, no ato da concepção, a ligação fluídica do espírito reencarnante com a mãe; e na fecundação do espermatozóide no óvulo materno, a formação de uma nova vida na terra.**

QUANDO O ABORTO OCORRE: O REENCARNANTE

"E na verdade, toda correção, no presente, não parece ser de gozo, senão de tristeza, mas depois, produz um fruto pacífico de justiça nos exercitados por ela."
Paulo (Hebreus 12:11)

Façamos aqui uma analogia. Imaginemos que durante muito tempo estejamos preparando uma viagem. No local para onde iremos teremos uma nova oportunidade de crescimento de vida em todos os sentidos. Durante anos, zelosamente, cuidamos de todos os preparativos: da nossa bagagem, das coisas que necessitaremos durante o percurso, dos mínimos detalhes necessários. Mas como o local a que iremos será diferente daquele em que vivemos, preparamo-nos, também, com instrutores especializados para melhor aproveitarmos nossa estadia. Fazemos nossos projetos e sonhamos com tudo o que nos aguarda.

Na medida em que o dia de nossa partida vai chegando, vai aumentando nossa ansiedade e, cuidadosamente, com a ajuda de nossos melhores amigos, vamos checando todos os detalhes, revendo todo o percurso que faremos e todos os compromissos dos quais participaremos.

Enfim, após longa expectativa, o dia da partida é chegado: despedidas, abraços, votos de felicidade, de esperança. E então partimos, com o coração ansioso, mas firmes e determinados, pois estivemos muito tempo preparando-nos para isso.

Começamos então nossa viagem e, na nossa embarcação, nosso sonho começa a se tornar realidade. Tudo no percurso é motivo de aprendizado, estudo e preparo. Bem ao longe já começamos a avistar nosso destino e todo o nosso ser vibra de entusiasmo.

Relembramos nosso passado, nossos erros e desacertos e nossa esperança de um recomeço e de uma oportunidade de encontrar a felicidade. Embora com um pouco de apreensão em nossa mente, o que nos importa, no momento, é a aventura de uma nova experiência de vida.

E de repente, num determinado momento, sem o nosso consentimento, sem um prévio aviso, nossa embarcação dá meia volta e retorna e tomamos ciência de que não poderemos prosseguir...

Como nos sentiríamos?

Por comparação, a encarnação de um espírito ocorre da mesma forma. O local é a família onde se vai nascer; a embarcação, o corpo da mãe que irá abrigá-lo durante a "viagem", que será a gestação; e os preparativos são todos aqueles mencionados anteriormente neste livro.

Quando for interrompida essa "viagem", como esse espírito se sentirá?

Depois de um longo tempo, no qual toda a sua vida anterior foi meticulosamente estudada, no qual todos os pontos fracos e fortes foram revistos para que uma nova estrutura de vida fosse organizada, depois de muito estudar e se preparar, de orar e pedir forças ao Criador para a oportunidade que lhe seria dada, tudo isso lhe é tirado, sem sua conivência, sem um justo motivo.

Talvez esse espírito já esteja bem adiantado na escala evolutiva, já entenda as fraquezas dos seus irmãos (pais) encarnados e lhes perdoe, esqueça e comece novamente com a aprovação do Altíssimo uma nova programação para encarnar-se na mesma ou em uma outra família.

Talvez ele ainda não se encontre na faixa do perdão e do amor sem limites, aquele que tudo entende, e se revolte, e se magoe e deseje, através da vingança, recuperar tudo aquilo que julgue perdido, tornando-se mais um infeliz irmão, passando um longo tempo no astral, obsediando os encarnados que poderiam ter sido seus pais.

QUANDO O ABORTO OCORRE: OS PAIS

*"Digo-vos que não sabeis o
que acontecerá amanhã."*
Tiago 4:14

Devemos ter muito cuidado para não generalizarmos, achando que todo espírito abortado se tornará um obsessor desencarnado. Embora não seja uma experiência muito agradável para o reencarnante, entendemos que existem vários níveis evolutivos. Muitos espíritos reencarnam para auxiliar na evolução de seus pais trazendo essa tarefa como sublime missão e, impossibilitados por aqueles que deveriam ser beneficiados, continuam seus caminhos de acordo com a vontade divina.

As leis de Deus são justas e sábias, e nós estamos ainda muito longe de compreendê-las na sua totalidade. Mas, por meio dos ensinamentos dos espíritos, já podemos concluir que, através da determinação do ato do aborto, os envolvidos terão uma reação que lhes será imposta pela "Lei do Karma", ou lei de causa e efeito, que é a que educa e equilibra nossos espíritos na ascensão evolutiva. Não se trata de um castigo, mas sim, de uma correção, ou de um ensinamento, para que possamos aprender como agir corretamente em uma nova oportunidade e para que possamos nos redimir e compensar aqueles que tenhamos, de alguma forma, prejudicado.

A reação ou o Karma será sempre diferente para cada um. Cada ser segue seu próprio traçado na vida e os motivos e as pressões que recebemos para tomar nossas decisões são sempre diferentes e únicos. Portanto, não criemos ou imaginemos penas e correções fixas e gerais baseadas nessa Lei. Antes disso, confiemos na misericórdia divina e trabalhemos pelo nosso engrandecimento espiritual, que o Senhor, que a ninguém desampara, olhará por nós.

O ABORTO EUGÊNICO

*"Renovai-vos pelo espírito no
Vosso modo de sentir."*
Paulo (Efésios 4:23)

Embora nosso intuito nesse trabalho seja o de auxiliar nas informações para que se possam tomar decisões conscientes, longe estamos de dar um manual de como proceder em cada caso e em cada momento de nossas vidas. Podemos encontrar esse roteiro nos ensinamentos de Jesus, em seu Evangelho, mais especificamente na explicação dada pelos espíritos a Kardec em O Evangelho Segundo o Espiritismo.

Estudando-o, poderemos notar que em tudo na vida se observam leis e procedimentos justos e corretos e, como já dissemos, nada é por acaso. Já dissemos também que a encarnação não é um castigo, e sim, é um aprendizado, e que, de acordo com o que tenhamos feito em outras vidas, assim construiremos esta e nossas vidas futuras.

Se fizemos mal uso de nossas capacidades intelectuais, talvez venhamos impossibilitados de nos expressar com perfeição, para melhor valor darmos a essas faculdades. Se nosso corpo foi motivo de nossa decaída, talvez venhamos com seu uso limitado, para melhor aprender a valorizá-lo. Se a facilidade da posse de bens terrenos desvirtuou nossos caminhos, talvez tenhamos nesta outra oportunidade dificuldade em obtê-los, para que valorizemos os bens da vida. E assim, múltiplos "talvez" podem ser cogitados explicando os motivos das aflições, dificuldades e acontecimentos atuais.

No caso da gravidez, sempre existirá uma ligação do feto conosco. Seja por múltiplos acertos, por participarmos de seus atos delituosos do passado, ou ainda na condição de tarefa missionária, reencaminharemos esses irmãos a uma conduta que se coadune com a proposta por Jesus, ou seremos reencaminhados por eles.

No caso de uma encarnação com conhecidas dificuldades para o reencarnante, cabe aos pais analisar a extensão do amor, na sua maior expressão, o amor incondicional, aquele que visa não à curta temporada terrena, mas sim à grande vida universal.

Temos o nosso livre - arbítrio e devemos tudo fazer em conformidade com a nossa consciência, procurando sempre o auxílio das esferas superiores que, através das nossas preces, sempre estarão prontas a dar-nos as instruções e orientações necessárias.

Cabe ressaltar que a oração é o grande bálsamo consolador de nossas dores e a grande luz que acende a claridade do entendimento das leis divinas.

O SENTIMENTO DE CULPA

"Irmãos, quanto a mim, não julgo que haja alcançado a perfeição, mas uma coisa faço, e é que, esquecendo-me das coisas que atrás ficam, avanço para as que se encontram diante de mim."
Paulo (Filipenses 3:13 e 14)

Procuramos até aqui dar uma visão de tudo o que envolve o ato do aborto, tentando alertar jovens e adultos, homens e mulheres, conscientizando-os da grandeza e importância da vida humana. Mostramos também que, perante as leis divinas, toda ação terá uma reação, que todo ato que cometermos terá um retorno em nossas vidas, mas que será diferente na forma e expressão para cada um, pois só Deus conhece nossas fraquezas e ambições. Mas cabem, nesse momento, mais alguns comentários para nossa reflexão.

Temos tido a oportunidade de observar, durante longos anos no trabalho de orientação espiritual, que muitos pais, independente de seus credos religiosos, que tenham praticado o aborto, trazem consigo um sentimento de culpa muito profundo. Embora procurem não demonstrar, arrastam-se pela vida, culpando-se e remoendo-se pelo ato praticado. Muitos chegam às casas espíritas sequiosos de um consolo e, ao ouvir a palavra inflamada e justa de muitos expositores de ideal condenando o aborto, sentem-se mais aflitos do que quando chegaram.

Embora também reprovemos o ato, somos forçados a ponderar: será esse o maior erro do ser humano? Será maior que o assassínio frio e calculado? Maior que a guerra, que o crime em seus diferentes aspectos e seus mandantes? E os que causam a fome e a miséria aos seus irmãos? E os hipócritas, que trazem atrás de seu sorriso a miséria humana? Qual será o maior erro perante Deus?

Citamos esta encarnação. E as anteriores? Será que o mais justo, o mais bondoso, o mais servil a Deus, nos dias de hoje, foi sempre assim, ou também errou em outras vidas?

Irmãos, com certeza não existe um só de nós neste mundo que não traga em seu espírito manchas do passado de suas reencarnações milenares. O que nos torna iguais perante a vida é que todos nós lutamos contra nossas imperfeições, todos nós procuramos a felicidade e sempre teremos, pela bondade do Alto, novas e infinitas oportunidades de aprendizado nesta e em outras existências.

A vida é muito complexa para ser entendida completamente e, ao mesmo tempo, muito simples de ser vivida. A cada dia, as oportunidades para galgarmos novos degraus para o infinito se apresentam. O Inferno e suas penas eternas já não fazem mais sentido à luz da nova revelação. O Deus desconhecido dá lugar ao Deus do perdão e da misericórdia, Aquele que nos perdoa e nos concede a oportunidade e a alegria de poder recomeçar sempre, a todo instante, todo dia, e também em quantas reencarnações forem necessárias.

Somos eternos. Esqueçamos o dia de ontem. Vivamos o dia de hoje com toda a intensidade, com alegria, com fé, com esperança e com a certeza de que Jesus, o divino pastor. Aquele que está conosco desde o início, jamais nos abandonará.

Sejamos felizes!

A Cura da Alma
MEDITAÇÃO - UM CAMINHO PARA A FELICIDADE

Humberto Pazian | Meditação | 14x21 cm | 176 páginas

Aprenda a meditar para viver melhor! A meditação é uma prática saudável, milenar, ao alcance de todos. Neste livro, um método muito simples revela quais são os primeiros passos que devemos dar para nos unirmos à inteligência suprema do universo. Descubra na fonte de todo o conhecimento, que é Deus, forças e inspiração para ser feliz. Participe desse verdadeiro encontro com o divino, dessa celebração que dispensa rituais ou cerimônias.

Catanduva-SP 17 3531.4444 | www.boanova.net | boanova@boanova.net

Levamos o livro espírita cada vez mais longe!

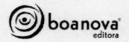

- ⊙ Av. Porto Ferreira, 1031 | Parque Iracema
  CEP 15809-020 | Catanduva-SP
- ⊕ www.**boanova**.net
- ✉ boanova@boanova.net
- ☏ 17 3531.4444
- ⓦ 17 99257.5523

Siga-nos em nossas redes sociais.

f ⓘ   ♪ ▶
@boanovaed   boanovaeditora

CURTA, COMENTE, COMPARTILHE E SALVE.
utilize #boanovaeditora

Acesse nossa loja   Fale pelo whatsapp